AF239985

Impressum
Verlag: BABADADA GmbH, Nedderfeld 112 , 22529 Hamburg
Geschäftsführer / Verlagsleitung: Harald Hof
Druck: Books on Demand GmbH, In de Tarpen 42, 22848 Norderstedt

Imprint
Publisher: BABADADA GmbH, Nedderfeld 112 , 22529 Hamburg, Germany
Managing Director / Publishing direction: Harald Hof
Print: Books on Demand GmbH, In de Tarpen 42, 22848 Norderstedt, Germany

classroom
phapoši

divide
go arola

186/2

board
boto

school yard
jarata ya sekolo

teacher
morutiši

paper
letlakala

write
ngwala

pen
pene

desk
tafola

ruler
rula

book
buka

pupil
barutwana

satchel

peke

pencil case

kheise ya phensele

pencil

phensele

pencil sharpener

motšhene wa go betla
phensele

rubber

rabhara

drawing pad

phede ya ho thala

drawing

go thala

paintbrush

borashe ya go penta

paint box

lepokisi la go penta

scissors

sekero

glue

sekgomaretši

exercise book

puku ya go ngwala

homework

mošomo wa gae

number

nomoro

add

tlatša

subtract

go ntšha

multiply

go atiša

calculate

khalekhuleitha

letter

lengwalo

alphabet

alefapete

word

lentšu

text

mongolo

read

bala

chalk

tšhoko

lesson

thuto

register

puku ya maina

exam

thuto

certificate

setifikeite

school uniform

diaparo tša sekolo

education

thuto

encyclopedia

encyclopedia

university

yunibesithi

microscope

maekrosekoupo

map

mmapa

paper bin

pasekete ya matlakala a
ditšhila

hotel
hotele

Grand

hostel
hosetele

ROOMS

bureau de change
lefelo la go fetola tšhelete

EXCHANGE

suitcase
sutukheise

car
koloi

language
Leleme

yes / no
ee / aowa

Okay
Go lokile

hello
Dumela

translator
mofetoledi

Thank you
Re a leboga

how much does … cost?

… ke bokae?

I do not understand

ga ke kwešiše

problem

bothata

Good evening!

Thobela!

Good morning!

Meso e mebotse!

Good night!

Robala botse!

bye bye

šala gabotse

direction

keletšo ya tsela

luggage

peke

bag

peke

backpack

mokotla wa dipuku

guest

moeng

room

phapoši

sleeping bag

pekana ya go robala

tent

mokhukhu

tourist information

boitsebišo bja moeti

beach

lewatleng

credit card

karata ya mokitlana

breakfast

dijo tša mesong

lunch

matena

dinner

dijo tša mantšiboa

ticket

thikethe

lift

lifithi

stamp

setempe

border

border

customs

setlwaedi

embassy

embassy

visa

visa

passport

phasepoto

aeroplane
sefofane

ship
sekepe

fire engine
enjine ya mollo

bus
bese

truck
theraka

motorboat
motorboat

bike
paesekela

car
koloi

ferry

feri

boat

sekepe

motorbike

sethuthuthu

police car

koloi ya maphodisa

racing car

koloi ya go šiašiana

rental car

koloi ya go rentišwa

car sharing

go arogana koloi

breakdown truck

theraka ya go goga

refuse truck

theraka ya ditlakala

motor

mmotho

fuel

makhura

petrol station

seteišene sa makhura

traffic sign

leswao la therafiki

traffic

therafiki

traffic jam

therafiki

car park

lefelo la go phaka dikoloi

train station

seteišene sa terene

tracks

tsela

train

terene

tram

theramo

carriage

koloi

helicopter
sefofane

airport
boemafofane

tower
serokami

passenger
monamedi

container
seswari

carton
lepokisana

cart
khathe

basket
basket

take off / land
go tloga / go kwatama

city

toropo

village
motse

city centre
bogareng bja toropo

house
ntlo

cinema
paesekopong

advert
papatšo

street light
lebone la seterateng

street
seterata

taxi
thekisi

CINEMA

snack shop
lebenkele la dimonamonane

pedestrian
motho yo a sepelag

pavement
pavement

crossing
magahlanong a tsela

zebra crossing
makopano a ditsela

bin
paketana ya ditlakala

traffic lights
mabone a go laola therafiki

hut

mokutwana

flat

folete

train station

seteišene sa terene

town hall

holo ya toropong

museum

museamo

school

sekolo

university

yunibesithi

bank

panka

hospital

sepetlele

hotel

hotele

pharmacy

lebenkele la dihlare

office

ofisi

book shop

lebenkele la dipuku

shop

lebenkele la dijo

florist's

lebenkele la matšoba

supermarket

lebenkele la dihlare

market

mmakete

department store

lebenkele la dilo tše dintši

fishmonger's

fishmonger's

shopping centre

lefelo la mabenkele

harbour

boemakepe

park

phaka

bench

bench

bridge

leporogo

stairs

ditepisi

underground

ka tlase

tunnel

thanele

bus stop

boemela pese

bar

bar

restaurant

lebenkele la dijo

postbox

lepokisi la poso

road sign

leswao la seterata

parking meter

mithara wa go phaka koloi

zoo

zuu

swimming pool

letamo la go rutha

mosque

lefelo la mamoseleme

farm
....
polasa

pollution
....
tšhilafalo

graveyard
....
mabitla

church
....
kereke

playground
....
lefelo la go bapala

temple
....
tempele

landscape
lefelo la dithaba

leaf
letlakala

signpost
leswao la tsela

way
tsela

meadow
lefelo kgauswi le noka

stone
letlapa

hiker
mophara thaba

tree
mohlare

river
noka

grass
bjang

flower
letšoba

valley

tsela

hill

thaba

lake

letangwana la meetsi

forest

sethokgwa

desert

leganata

volcano

thabamollo

castle

ntlo e kgolo

rainbow

molalatladi

mushroom

mushroom

palm tree

palm tree

mosquito

monang

fly

fofa

ant

ditšhošwane

bee

nosi

spider

segokgo

beetle

khunkhwane

frog

segwagwa

squirrel

squirrel

hedgehog

noko

hare

mmutla

owl

leribiši

bird

nonyana

swan

mogolodi

boar

kolobe ya naga

deer

phuthi

moose

phuthi

dam

letamo

wind turbine

wind turbine

solar panel

phanele ya solar

climate

leratadima

landscape - lefelo la dithaba

waiter
weithara

menu
lenaneo

chair
setulo

soup
sopo

pizza
pizza

cutlery
cutlery

tablecloth
lešela la tafola

starter
dijo tša mathomo

main course
dijo

dessert
dimonamonane

drinks
dino

food
dijo

bottle
lepotlelo la ngwana

fast food

fastfood

street food

dijo tša seterateng

teapot

ketlele ya tea

sugar bowl

poleitana swikiri

portion

karolo

espresso machine

motšhene wa espresso

high chair

setulo sa godimo

bill

tefo

tray

therei

knife

thipa

fork

foroko

spoon

lelepola

teaspoon

lelepola

serviette

lešela la go iphomola

glass

galase

restaurant - lebenkele la dijo

plate

poleite

soup plate

poleite ya sopo

saucer

sosara

sauce

moroto

salt cellar

poto ya letswai

pepper mill

sešila phepha

vinegar

vinegar

oil

makhura

spices

sepaese

ketchup

tamatisoso

mustard

masetete

mayonnaise

mayonnaise

special offer
dithekišo tša tlase

customer
moreki

dairy
dijo tša go ba le maswi

FOR

fruit
dikenywa

trolley
teroli

butcher's
selaga

baker's
moapei wa dikuku

weigh
kala

vegetables
merogo

meat
nama

frozen food
dijo tše gahlišitšwego

cold meat

nama ya go tonya

tinned food

tinned food

washing powder

sešepi sa go hlatswa

sweets

dimonamonane

household products

dilo tša ka ntlong

cleaning products

didirišwa tša go hlwekiša

salesperson

morekiši

till

till

cashier

morekiši

shopping list

lenaneo la tše rekišwago

opening hours

diiri tša go bula

wallet

sepatšhe

credit card

karata ya mokitlana

bag

peke

plastic bag

peke ya polasetiki

water
meetsi

juice
Juice

milk
maswi

coke
coke

wine
beine

beer
bhiri

alcohol
bjala

cocoa
cocoa

tea
tea

coffee
kofi

espresso
espresso

cappuccino
cappuccino

banana

banana

apple

apola

orange

namome

melon

melon

lemon

namone

carrot

carrot

garlic

garlic

bamboo

bamboo

onion

keiye

mushroom

mushroom

nuts

ditokomane

noodles

noodles

spaghetti

spaghetti

rice

raese

salad

salate

chips

ditŠhipisi

fried potatoes

matapola a gadikilwego

pizza

pizza

hamburger

hambeka

sandwich

sandwich

cutlet

cutlet

ham

ham

salami

salami

sausage

sausage

chicken

kgogo

roast

gadika

fish

hlaphi

porridge oats

bogobe bja oats

muesli

muesli

cornflakes

cornflakes

flour

folouro

croissant

croissant

bread roll

dipanse

bread

borotho

toast

toaster

biscuits

dipisikiti

butter

botoro

curd

curd

cake

kuku

egg

lee

fried egg

lee le gadikilwego

cheese

tshese

ice cream
ice cream

sugar
swikiri

honey
todi ya dinosi

jam
jeme

chocolate spread
chocolate spread

curry
curry

farmhouse
ntlo ya polasa

straw bale
bojwang

barn
barn

field
mašemo

horse
pere

trailer
letorokisi

foal
pere

tractor
terekere

donkey
pokolo

lamb
kwana

sheep
nku

goat
pudi

cow
kgomu

calf
namane

pig
kolobe

piglet
kolobjana

bull
poo

goose

leganse

duck

leganse

chick

letswienyane

hen

kgogo

cock

mokoko

rat

legotlo

cat

katse

mouse

legotlo

ox

pholo

dog

mpša

doghouse

ntlwana ya mpša

garden hose

lethompo la seratswana

watering can

khene ya meetse

scythe

peke

plough

megoma ya terekere

sickle

sekele

hoe

mogoma

pitchfork

foroko

axe

selepe

wheelbarrow

kiribai

trough

letangwana la meetsi

milk can

khene ya maswi

sack

lesaka

fence

fense

stable

stable

greenhouse

ntlwana ya galase ya dihlare

soil

mobu

seed

peu

fertilizer

manyora

combine harvester

motšhene wa go buna

harvest
buna

harvest
buna

yams
tse monate

wheat
korong

soy
soy

potato
letapola

corn
korong

rapeseed
rapeseed

fruit tree
mohlare wa dikenywa

cassava
cassava

cereals
disereale

chimney
tšhemela

roof
marulelo

drain pipe
phaephe ya drain

window
lefasetere

garage
karatše

doorbell
nakana ya lebati

door
lebati

rubbish bin
pakete ya matlakala

letterbox
lepokisi la maletere

garden
serapana

living room
phapoši ya go dula

bathroom
kamora ya go hlapela

kitchen
boapeelo

bedroom
phapoši ya go robala

child's room
phapoši ya bana

dining room
lefelo la boiketlo

floor

fase

wall

lebota

ceiling

siling

cellar

cellar

sauna

sauna

balcony

letsikangope

terrace

lelapa

pool

letamo la go rutha

lawn mower

motšhene wa go sega bjang

sheet

lešela la go iphomola

bedspread

lešela la mpeto

bed

mpeto

broom

leswielo

bucket

pakete

switch

pholaka

The living room illustration with labels:

- wallpaper — senepe sa sediriša
- picture — senepe
- lamp — lebone
- shelf — shelofe
- cupboard — khaboto
- fireplace — lefelo la mollo
- television — thelebišene
- flower — letšoba
- cushion — kobo
- vase — vase
- sofa — sofa
- remote control — remote control

carpet	curtain	table
khaphete	garetene	tafola
chair	rocking chair	armchair
setulo	rocking chair	armchair

book

buka

blanket

kobo

decoration

bokgabišo

firewood

dikota tša mollo

film

filimi

hi-fi equipment

sedirišwa sa hi-fi

key

senotlelo

newspaper

kuranta

painting

go penta

poster

phouseta

radio

radio

notepad

pukwana ya go ngwala

hoover

motšhene wa go hlwekiša

cactus

mohlašana wa cactus

candle

kerese

fridge
furitšhi

microwave oven
microwave oven

kitchen scales
sekala sa khetšhene

toaster
toaster

detergent
detergent

oven
oven

freezer
furitšhi

rubbish bin
pakete ya matlakala

dishwasher
sehlatswa dikotlelo

cooker

moapei

pot

pitša

cast-iron pot

cast-iron pot

wok / kadai

wok / kadai

pan

pane

kettle

ketlele

steamer

steamer

baking tray

therei ya go paka

crockery

dikotlelo

mug

komiki

bowl

mogopo

chopsticks

diphathana tša go ja

ladle

lelepola la ladle

spatula

spatula

whisk

whisk

strainer

strainer

sieve

sefo

grater

kereitara

mortar

mortar

barbecue

barbecue

open fire

thuntšha

chopping board

boto ya dijo

rolling pin

rolling pin

corkscrew

sebula lepotlelo

can

khene

can opener

sebula khene

pot holder

seswara dipoto

sink

sinki

brush

borashe

sponge

sepontše

blender

sehlakanyi

deep freezer

freezer

baby bottle

lepotlelo la ngwana

tap

pompi

bathroom
kamora ya go hlapela

heating
borutho

shower
šawara

towel
toulo

shower curtain
garetene ya šawara

bubble bath
bubble bath

bathtub
bata

glass
galase

washing machine
motšhene wa go hlatswa

tap
pompi

tiles
dithaele

potty
poto

sink
sinki

toilet

ntlwana

squat toilet

ntlwana ya ho tshorama

bidet

bidet

urinal

moroto

toilet paper

pampiri ya ntlwana

toilet brush

boraše ya ntlwana

toothbrush

boraše ya ho hlapa meno

toothpaste

sešepi sa meno

dental floss

floss ya meno

wash

hlatswa

handheld shower

shawara ya go swarwa ka matsogo

douche

douche

basin

basin

back brush

back brush

soap

sešepi

shower gel

sešepi sa ka šawareng

shampoo

shampoo

flannel

folene

drain

drain

cream

sa go tlola

deodorant

senkgiša bose

mirror
seipone

hand mirror
sepili se senyenyane

razor
legare

shaving foam
shaving foam

aftershave
aftershave

comb
kamo

brush
boraše

hair dryer
derayara ya moriri

hairspray
setlola sa moriri

makeup
makeup

lipstick
setlola sa molomo

nail varnish
varnish ya manala

cotton wool
wulu

nail scissors
sekero sa dinala

perfume
phefumo

washbag

pekana ya tša go hlapa

stool

setulo

weighing scale

sekala

bathrobe

toulwana ya go hlapa

rubber gloves

ditlelafo tša rabara

tampon

tampon

sanitary towel

toulo ya go phumula
matsogo

chemical toilet

ntlwana ya dikhemikhale

alarm clock
watšhe ya alamo

cuddly toy
mpopi

toy car
koloi ya go bapadiša

rattle
rattle ya bana

doll's house
ntlo ya mepopi

present
present

balloon

baluni

bed

mpeto

pram

phorema

deck of cards

dikarata

jigsaw

papadi ya jigsaw

comic

metlae

lego bricks

papadi ya lego bricks

building blocks

papadi ya building blocks

action figure

action figure

romper suit

go gola ga ngwana

Frisbee

papadi ya Frisbee

mobile

mobile

board game

papadi ya boto

dice

letaese

model train set

model train set

dummy

tami

party

phathi

picture book

puku ya dinepe

ball

kgwele

doll

mpopi

play

bapala

sandpit

sandpit

swing

swing

toys

tša go bapadiša

video game console

sedirišwa sa dipapadi tša bidio

tricycle

paesekele ya bana

teddy bear

teddy bear

wardrobe

oteropo

clothing

diaparo

socks

masokisi

stockings

masokisi

tights

pentihouso

scarf
sekhafo

belt
lepanta

umbrella
amporela

t-shirt
sekhipha

trainers
diteki

boots
diputsu

slippers
deselephara

sandals
ramphešane

shoes
dieta

rubber boots
diputsu tša rabara

underpants
borokgwana bja ka fase

bra
seaparo sa bra

vest
besete

body

mmele

trousers

marokgo

jeans

pokathe

skirt

sekhethe

blouse

seaparo sa blouse

shirt

hempe

pullover

jase

hoodie

jase

blazer

seaparo sa blazer

jacket

baki

coat

jase

raincoat

jase ya pula

costume

khosetumo

dress

roko

wedding dress

lešira

suit

sutu

nightgown

seaparo sa go robala

pyjamas

dipejama

sari

sari

headscarf

sekafo

turban

turban

burqa

seaparo sa burqa

kaftan

roko ya kaftan

abaya

abaya

swimsuit

seaparo sa go rutha

trunks

diteranka

shorts

marukgwana a manyenyane

tracksuit

terekesutu

apron

apron

gloves

ditlelafo

button

konope

glasses

digalase

bracelet

boreiselete

necklace

nekeleise

ring

palamonwana

earring

lengena

cap

kepisi

coat hanger

hengere ya jase

hat

kefa

tie

thai

zipper

zip

helmet

helmete

braces

braces

school uniform

diaparo tša sekolo

uniform

unifomo

bib
....
seaparo sa bib

dummy
....
tami

nappy
....
mongato

server
sebara

filing cabinet
lekase la difaele

paper
letlakala

printer
phrinthara

monitor
monitharaw

mouse
mouse

desk
tafola

folder
foldara

keyboard
keybhoto

bin
ete ya matlakala a ditšhila

computer
khomphutha

chair
setulo

coffee mug
....
komiki ya kofi

calculator
....
khalekhuleitha

internet
....
inthanete

laptop

laptop

letter

lengwalo

message

molaetša

mobile

mogalathekeng

network

netweke

photocopier

motšhene wa go photokhopa

software

software

telephone

mogala

plug socket

pholaka ya sokete

fax machine

motšhine wa go fekesa

form

fomo

document

dipampiri

buy

reka

pay

lefa

trade

rekiša

money

tšhelete

dollar

dollar

euro

euro

yen

yen

rouble

rouble

Swiss franc

Swiss franc

renminbi yuan

renminbi yuan

rupee

rupee

cashpoint

lefelo la go ntšha tšhelete

bureau de change

lefelo la go fetola tšhelete

gold

gauta

silver

silifera

oil

oil

energy

matla

price

poraese

contract

konteraka

tax

motšhelo

stock

setokho

work

mošomo

employee

mošomi

employer

mothwadi

factory

feketori

shop

lebenkele la dijo

police officer
lephodisa

fireman
setimamollo

cook
apea

doctor
ngaka

pilot
mofofiši wa difofane

gardener
nohlokomedi wa dirapana

carpenter
mmetli

seamstress
moroki

judge
moahlodi

chemist
khemise

actor
mmapadi

bus driver

mootledi wa pase

taxi driver

mootledi wa thekisi

fisherman

moswara dihlapi

cleaning lady

mosadi wa go hlwekiša

roofer

molokiša marulelo

waiter

weithara

hunter

motsomi

painter

motho wa go penta

baker

mopaki

electrician

electrician

builder

moagi

engineer

moenjeneare

butcher

selaga

plumber

polambara

postman

mosepediši wa poso

soldier

mohlabani

architect

mothadi wa dintlo

cashier

morekiši

florist

molemi wa matšoba

hairdresser

mologi wa moriri

conductor

molaodi

mechanic

mekhenikhe

captain

mokapotene

dentist

ngaka ya meno

scientist

rathutamahlale

rabbi

moruti

imam

moetapele wa dithapelo

monk

monk

clergyman

moruti

hammer
hamola

pliers
tang

screwdriver
screwdriver

spanner
sepanere

torch
lebone

digger
seepi

toolbox
lepokisi la dithulusi

ladder
llere

saw
saga

nails
dipikiri

drill
sebori

repair
lokiša

shovel
garafo

Damn!
ijoo!

dustpan
seolela matlakala

paint pot
pitša ya pente

screws
sekurufu

musical instruments
didirišwa tša mmino

loudspeaker
segaša modumo

drum kit
diteramo

guitar
katara

double bass
beise ya gabedi

trumpet
porompeta

piano
piano

violin
violin

bass
beise

timpani
timpani

drums
diteramo

keyboard
keybhoto

saxophone
saxophone

flute
phala

microphone
mmaekrofouno

entrance
tsela ya go tsena

tiger
lengau

cage
legaga

zebra
pitse

animal feed
dijo tša diphoofolo

panda
bere

animals

diphoofolo

elephant

tlou

kangaroo

kangaroo

rhino

tšhukudu

gorilla

gorilla

bear

bere

camel

kamela

ostrich

mpšhe

lion

tau

monkey

tšhwene

flamingo

nonyana ya flamingo

parrot

nonyana ya parrot

polar bear

bere ya polar

penguin

penguin

shark

shark

peacock

phikoko

snake

noga

crocodile

kwena

zookeeper

mohlokomedi wa di zoo

seal

sili

jaguar

jaquar

pony

pokolo

leopard

lepogo

hippo

hippo

giraffe

thutlwa

eagle

lenong

boar

kolobe ya naga

fish

hlaphi

turtle

khudu

walrus

walrus

fox

phiri

gazelle

phuthi

American football
kgwele ya Amerika

cycling
go reila paesekela

tennis
thenese

basketball
basketball

swimming
go rutha

boxing
ntwa ya matswele

ice hockey
hockey ya lehlweng

football

kgwele ya maoto

badminton

badminton

athletics

bakitimi

handball

polo ya matsogo

skiing

skiing

polo

polo

jump
taboga

hug
gokara

laugh
sega

walk
sepela

sing
opela

dream
lora

pray
rapela

kiss
atla

write	draw	show
ngwala	thala	bontšha

push	give	take
kgorometša	efa	tšea

have

e ba le

do

dira

be

eba

stand

ema

run

kitima

pull

goga

throw

lahlela

fall

e wa

lie

maaka

wait

emanyana

carry

rwala

sit

dula

get dressed

go apara

sleep

robala

wake up

tsoga

look at

lebelela

cry

lla

stroke

seterouko

comb

kamo

talk

bolela

understand

kwešiša

ask

botšiša

listen

theetša

drink

e nwa

eat

eja

tidy up

hlwekiša

love

lerato

cook

apea

drive

otlela

fly

fofa

sail

sesa

calculate

khalekhuleitha

read

bala

learn

ithute

work

mošomo

marry

nyala

sew

roka

brush teeth

hlapa meno

kill

bolaya

smoke

kgoga

send

romela

grandmother
makgolo

grandfather
rakgolo

father
tate

mother
mma

baby
ngwana

daughter
morwedi

son
morwa

guest

moeng

aunt

rakgadi

uncle

malome

brother

abuti

sister

sesi

body

mmele

forehead
phatla

eye
leihlo

shoulder
magetla

finger
monwana

face
sefahlego

chin
seledu

hand
seatla

breast
letswele

leg
leoto

arm
letsogo

baby

ngwana

man

monna

woman

mosadi

girl

kgarebe

boy

mošemane

head

hlogo

back

morago

belly

mokhaba

belly button

mokhubu

toe

monwana

heel

tlhako

bone

lerapo

hip

matheka

knee

leoto

elbow

khuru

nose

nko

bottom

tlase

skin

letlalo

cheek

lerama

ear

tsebe

lip

molomo

mouth

molomo

tooth

leino

tongue

Leleme

brain

bjoko

heart

pelo

muscle

segoba

lung

maswafo

liver

sebete

stomach

mala

kidneys

diphsio

sex

thobalano

condom

condom

ovum

Ovum

semen

matshedi

pregnancy

go ima

menstruation

go bona kgwedi

vagina

setho sa bosadi

penis

setho sa bonna

eyebrow

dintši

hair

moriri

neck

molala

hospital
sepetlele

ambulance
ambulance

wheelchair
wheelchair

fracture
go robega

doctor

ngaka

emergency room

phapoši ya tša tšhoganetšo

nurse

mooki

emergency

tšhoganetšo

unconscious

go idibala

pain

bohloko

hospital - sepetlele

injury

go gobala

bleeding

go tšwa madi

heart attack

bolwetši bja pelo

stroke

setorouko

allergy

ge mmele o ganana le dijo

cough

go gohlola

fever

go gohlola

flu

sehuba

diarrhoea

letšhollo

headache

go opa ke hlogo

cancer

kankere

diabetes

swikiri

surgeon

mmui

scalpel

thipa ya scalpel

operation

go bulwa

CT

CT

x-ray

x-ray

ultrasound

ultrasound

face mask

sethiba sefahlego

disease

bolwetši

waiting room

phapoši ya go leta

crutch

lehlotlo

plaster

sedirišwa sa plaster

bandage

lešela la ntho

injection

nalete

stethoscope

sthehosekoupo

stretcher

seteretšhara

clinical thermometer

themoketha ya kgathelelo

birth

go belebga

overweight

mmele o mogolo

hospital - sepetlele

hearing aid

sethuša ditsebe

disinfectant

disinfectant

infection

twatši

virus

baerase

HIV / AIDS

HIV / AIDS

medicine

dihlare

vaccination

tlhabelo ya go thibela malwetši

tablets

dipilisi

pill

pilisi

emergency call

mogala wa tšhoganetšo

blood pressure monitor

sehlahlobi sa pelo

sick / healthy

go babja / phetše gabotse

Help!

Thušo!

alarm

alamo

assault

go tšhošetšwa

attack

tlhaselo

danger

kotsi

emergency exit

go tšwa ka tšhoganetšo

Fire!

Mollo!

fire extinguisher

setimamollo

accident

kotsi

first-aid kit

first-aid kit

SOS

SOS

police

maphodisa

Europe

Yuropa

North America

Amerika Bodikela

South America

Amerika Borwa

Africa

Afrika

Asia

Asia

Australia

Australia

Atlantic

Atlantic

Pacific

Pacific

Indian Ocean

Lewatle la India

Antarctic Ocean

Lewatle la Antarctic

Arctic Ocean

Lewatle la Arctic

North Pole

North Pole

South Pole
South Pole

Antarctica
Antarctica

Earth
Lefase

land
naga

sea
noka

island
island

nation
naga

state
state

clock face

sešupanako sa dinomoro

hour hand

diiri tša sešupanako

minute hand

metsotso ya sešupanako

second hand

metsotswana ya sešupanako

What time is it?

Ke nako mang?

day

letšatši

time

nako

now

gona bjale

digital watch

sešupanako sa dinomoro

minute

metsotso

hour

iri

week

beke

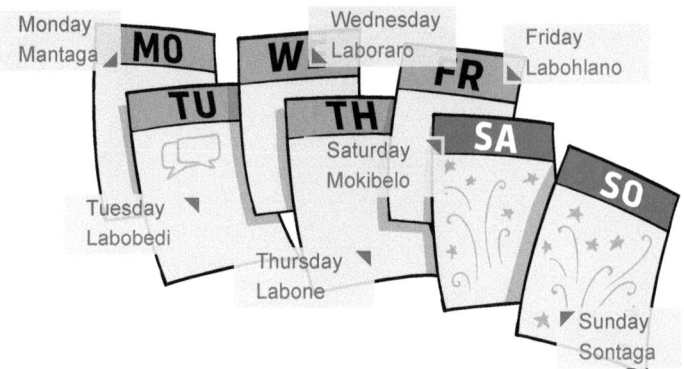

Monday
Mantaga

Tuesday
Labobedi

Wednesday
Laboraro

Thursday
Labone

Friday
Labohlano

Saturday
Mokibelo

Sunday
Sontaga

yesterday

maobane

today

lehono

tomorrow

ka moswana

morning

mesong

noon

Thapama

evening

mantšiboa

business days

matšatši a kgwebo

weekend

mafelobeke

rain
pula

rainbow
molalatladi

wind
phefo

snow
lehlwa

spring
seruthwane

summer
selemo

autumn
lehlabula

winter
marega

4.APRIL	11°	
5.APRIL	4°	
6.APRIL	13°	
7.APRIL	8°	
8.APRIL	10°	

weather forecast

tsebišo ya leratadima

thermometer

thermometer

sunshine

mahlasedi a letšatši

cloud

maru

fog

kgudi

humidity

go koloba

lightning

legadima

thunder

legadima

storm

ledimo

hail

sefako

monsoon

ledimo

flood

lefula

ice

lehlwa

January

January

February

February

March

March

April

April

May

May

June

June

July

July

August

August

September
September

October
October

November
November

December
December

shapes
dibopego

circle
nthokolo

square
sekwere

rectangle
rectangle

triangle
theraekele

sphere
nthokolo

cube
cube

white
....
tshweu

yellow
....
kheri

orange
....
namone

pink
....
pinki

red
....
khubedu

purple
....
phepholo

blue
....
pududu

green
....
tala

brown
....
tshehla

grey
....
kerei

black
....
bontsho

a lot / a little

še dintši / tše dinyenyane

angry / calm

befetšwe / theotše maswafo

beautiful / ugly

botse / befile

beginning / end

mathomo / mafelelo

big / small

kgolo / nyenyane

bright / dark

seetša / leswiswi

brother / sister

abuti / sesi

clean / dirty

hlwekile / ditšhila

complete / incomplete

feletše / ga se e felele

day / night

mosegare / bošego

dead / alive

hwile / o sa phela

wide / narrow

go bulega / go tswalelega

edible / inedible

e a jega / ga e jege

evil / nice

bobe / go loka

excited / bored

mahlahlo / go tšwafa

fat / thin

bokoto / bosese

first / last

mathomo / mafelelo

friend / enemy

mogwera / lenaba

full / empty

e tletše / ga e na selo

hard / soft

tiile / e bonolo

heavy / light

ya roba / e bobebo

hunger / thirst

tlala / mokhoro

sick / healthy

go babja / phetše gabotse

illegal / legal

ga e molaong / e molaong

intelligent / stupid

bohlale / lešilo

left / right

le letshadi / le letona

near / far

kgaufsi / kgole

new / used

mapsha / e diriŝitŝwe

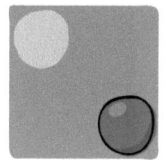

nothing / something

selo / se sengwe

old / young

motŝofadi / mofsa

on / off

laeta / tima

open / closed

bula / tswalela

quiet / loud

homola / rasa

rich / poor

go huma / go diila

right / wrong

e lokilego / e sa lokago

rough / smooth

makgwakgwa / go thelela

sad / happy

go nyama / go thaba

short / long

mokopana / motelele

slow / fast

go nanya / go kitima

wet / dry

go koloba / go oma

warm / cool

borutho / go tonya

war / peace

ntwa / khutŝo

0

zero

nnoto

1

one

tee

2

two

pedi

3

three

tharo

4

four

nne

5

five

tlhano

6

six

tshela

7

seven

šupa

8

eight

seswai

9

nine

senyane

10

ten

lesome

11

eleven

lesome tee

12

twelve

lesome pedi

13

thirteen

lesome tharo

14

fourteen

lesome nne

15

fifteen

lesome tlhano

16

sixteen

lesome tshela

17

seventeen

lesome šupa

18

eighteen

lesome seswai

19

nineteen

lesome senyane

20

twenty

masomepedi

100

hundred

lekgolo

1.000

thousand

sekete

1.000.000

million

milione

English

Seisemane

American English

Seisemane sa Amerika

Mandarin Chinese

Sechina sa Mandarin

Hindi

Sehindi

Spanish

Spanish

French

Sefora

Arabic

Searabic

Russian

Serašia

Portuguese

Sepotokisi

Bengali

Sebengali

German

Sejeremane

Japanese

Sefapane

I

Nna

you

wena

he / she / it

yena / yona

we

rena

you

wena

they

bona

who?

bomang?

what?

eng?

how?

bjang?

where?

mo kae?

when?

neng?

name

leina

behind

ka morago

in

go

in front of

kgaufsi le

over

godimo ga

on

go

under

ka tlase ga

beside

ka lehlakoreng la

between

magareng ga

place

lefelo